GRAND ALBUM

W0352163

TRACTEURS

Cet album appartient à :

Nom : ______________________________

Prénoms : ______________________________

Adresse : ______________________________

Ville : ____________________ Code postal : ____________

IMPRIMÉ EN FRANCE par l'Imprimerie de Champagne Nouvelle, à Langres
LE PETIT NICOLAS® © 2023 M6 Studio / IMAV éditions / Goscinny - Sempé
Éditions AEDIS - www.aedis-editions.fr
ISBN 978-2-38148-095-4
Conception : © Henri Medori
Textes : Marie Nicolas
Illustration de couverture : Le Petit Nicolas®
Illustrations intérieures : Le Petit Nicolas® - Shutterstock - Adobe Stock
Dépôt légal : 2e trimestre 2023

LE TRACTEUR

On me reconnaît de loin dans les champs. Je suis le roi des engins de la ferme ! Sans moi, les agriculteurs ne pourraient pas tirer, traîner, supporter, lever et actionner les remorques, les outils et les machines agricoles. Ils auraient alors bien du mal à cultiver les champs.

Mes roues

Je me déplace sur quatre roues. Mes roues avant sont souvent plus petites que mes roues arrière. Mais parfois, elles sont toutes les quatre de grande taille, ce qui me donne plus de puissance encore. Les motifs en zigzag de mes pneus me permettent également de bien adhérer au sol.

Ma cabine

Elle abrite un siège confortable et quatre pédales. Contrairement aux voitures, j'ai deux pédales de frein, une pour chaque roue. Mon conducteur peut ainsi me guider plus facilement. Une caméra reliée à l'ordinateur photographie le champ. L'ordinateur communique avec les machines que j'actionne.

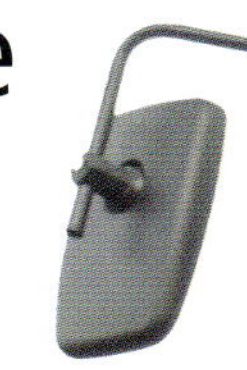

AUJOURD'HUI

Mon moteur

Il est situé à l'avant de la cabine et il est très puissant. Le tuyau qui en sort vers le haut est le pot d'échappement. Il atténue un peu le bruit que fait mon moteur et filtre aussi les gaz nocifs.

Mon attelage

Grâce à ce système situé entre mes roues arrière, l'agriculteur peut accrocher toutes les machines que je dois tracter.

Ma cabine

Mon moteur

Mes roues

Mon attelage

LES DIFFÉRENTS

J'ai beaucoup de copains tracteurs.

Nous avons tous une spécialité. Certains sont employés pour leur grande puissance, d'autres sont plus à l'aise pour circuler en forêt, dans les vignes ou dans la montagne. D'autres encore sont beaucoup plus petits.

LE MICROTRACTEUR

- Je suis **le plus petit** des tracteurs. Un simple siège suffit pour le conducteur. Je n'ai pas besoin de cabine. Comme je suis maniable et léger, on m'emploie sur de petites surfaces.

LE TRACTEUR À HUIT ROUES MOTRICES

- Grâce à **mes huit roues**, je suis le plus puissant des tracteurs et j'ai une très grande stabilité. Je peux tirer des engins agricoles gros et lourds.

LE TRACTEUR ET SON CHARGEUR

- Quand l'agriculteur souhaite que je porte des branchages, des bottes de foin ou que je verse de la terre, il fixe des bras sur chacun de mes côtés : **c'est le chargeur**.

LE TRACTEUR FORESTIER

- Je suis le spécialiste des **travaux en forêt**. Généralement équipé d'un bras, je peux transporter sur la plateforme fixée derrière moi les rondins des arbres qui viennent d'être abattus.

LES DIFFÉRENTS

LE TRACTEUR À CHENILLES

- Avec les **chenilles** qui remplacent les pneus pour couvrir mes roues, je roule tout en douceur. Je suis d'un grand confort pour mon conducteur. De plus, je suis très stable, car je ne glisse pas.

LE TRACTEUR DE PENTE

- Je suis beaucoup plus à l'aise que les autres tracteurs dans **les descentes** et **les montées**. Comme je suis le spécialiste des pentes et des terrains difficiles, je me charge des travaux agricoles en montagne.

TRACTEURS

LE TRACTEUR ARTICULÉ

- L'articulation, qui se situe entre mes deux roues avant et mes deux roues arrière, me permet de **prendre des tournants** beaucoup plus facilement. Le travail dans des champs immenses ne me fait pas peur et je peux porter des charges très lourdes.

LE TRACTEUR ENJAMBEUR

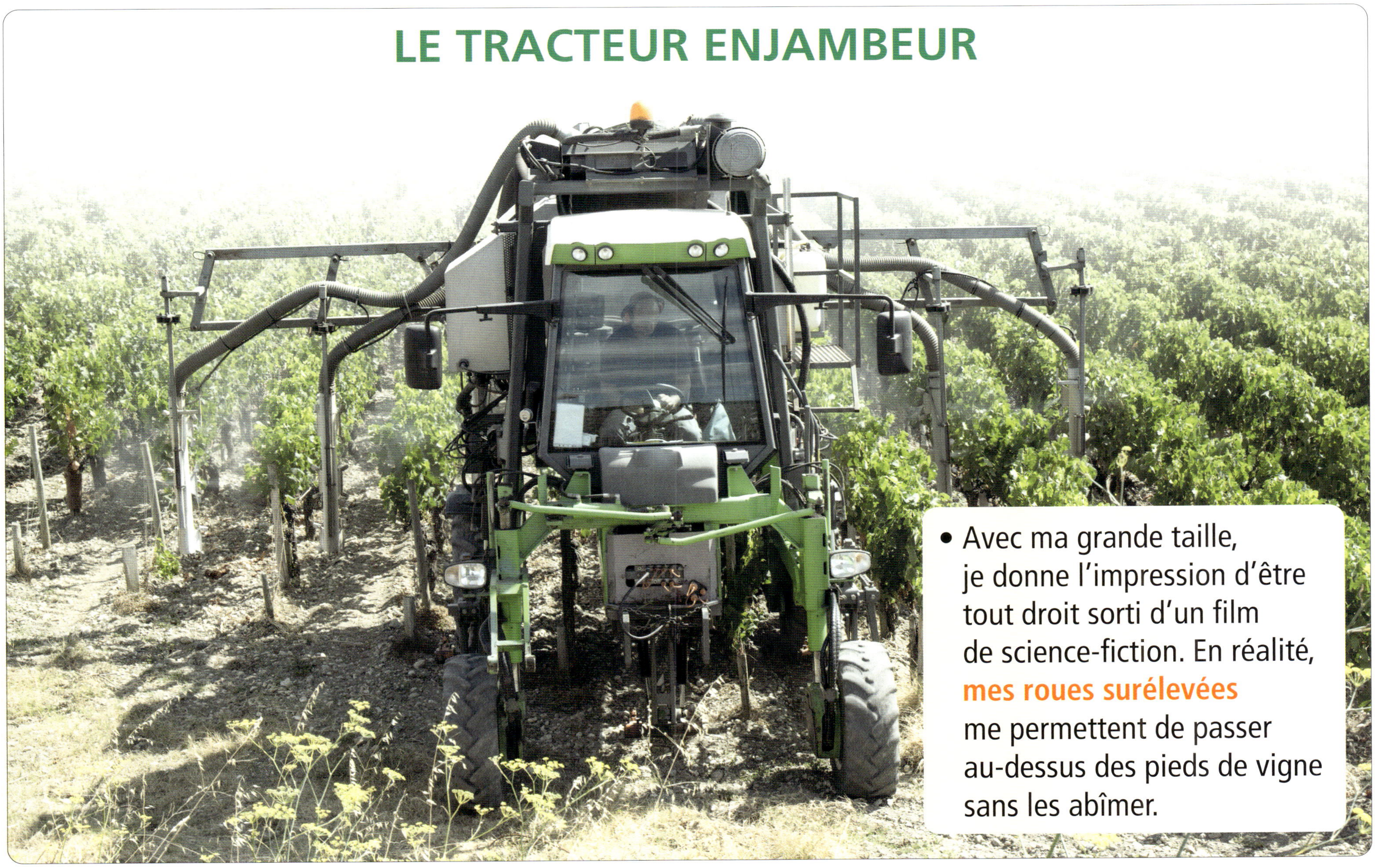

- Avec ma grande taille, je donne l'impression d'être tout droit sorti d'un film de science-fiction. En réalité, **mes roues surélevées** me permettent de passer au-dessus des pieds de vigne sans les abîmer.

Je suis le tracteur à tout faire.

J'accompagne les agriculteurs au fil des saisons dans les travaux des champs. Ils me confient de nombreuses machines agricoles pour que je les tire. Ces engins labourent la terre, sèment les graines, ramassent la paille ou le foin et nourrissent les cultures.

LE TRACTEUR ET SA REMORQUE

- Il existe **tous types de remorques**, grandes ou petites, à deux ou à quatre roues. Leur rôle est de transporter des récoltes, des bottes de foin ou de paille, de la terre, des rondins de bois et bien d'autres choses encore. La remorque est très présente dans les champs.

LE TRACTEUR ET LA CHARRUE

• Munie de **plusieurs lames** appelées socs, la charrue sert à retourner la terre pour la préparer avant les semailles. Il en existe plusieurs modèles, adaptés à la nature du sol, au climat de la région et aux graines que l'on souhaite semer.

LE TRACTEUR ET LA HERSE

• Avec ses longues **dents métalliques**, la herse broie les mottes de terre pour aplanir le sol avant les semailles. Certaines herses cassent les mottes à l'aide de petits disques qui tournent.

LE TRACTEUR ET LE DÉCHAUMEUR

- Après les moissons, **le déchaumeur** enfouit dans le sol les restes de tiges, de paille et les mauvaises herbes qui subsistent après la récolte.

LE TRACTEUR ET LE SEMOIR

- Autrefois, le fermier répandait les graines à la main. Aujourd'hui, il attèle au tracteur un engin **appelé semoir**, qui accomplit cette tâche. Les graines contenues dans les petits réservoirs passent dans les tuyaux pour rejoindre la terre.

LE TRACTEUR ET LA PLANTEUSE

- Pour cultiver des légumes, l'agriculteur sème des graines. Quand les plantes commencent à pousser, il attèle au tracteur un engin **appelé planteuse**. Celle-ci se charge de repiquer les jeunes plants dans un champ plus vaste.

LE TRACTEUR ET LA RAMASSEUSE-PRESSE

- Cette machine **attelée au tracteur** se charge de ramasser le foin ou la paille pour en faire des bottes rondes ou rectangulaires, qu'elle rejette dans le champ.

LES ENGINS TRACTÉS

LE TRACTEUR ET LE PULVÉRISATEUR

- Cet engin équipé de longs bras **pulvérise sur les cultures** des produits qui servent à désherber et à protéger les pousses des maladies et des insectes qui les dévorent. Il apporte aussi aux plantes des engrais pour favoriser leur croissance.

LE TRACTEUR ET L'ÉPANDEUR À FUMIER

- L'épandeur **nourrit la terre** et les cultures avec du fumier, une matière composée des excréments et des litières (foin, paille, fourrage) des animaux de la ferme.

DES TRACTEURS ANCIENS

Mon histoire est longue. Elle a près de 200 ans !

Je suis né au milieu du XIXe siècle. À cette époque, on s'est mis à inventer des machines pour remplacer l'homme dans les travaux les plus pénibles.
Moi, j'ai remplacé les chevaux et les bœufs qui tiraient les outils agricoles dans les champs.

- Je compte parmi les tout premiers tracteurs et je fonctionne **à la vapeur**.

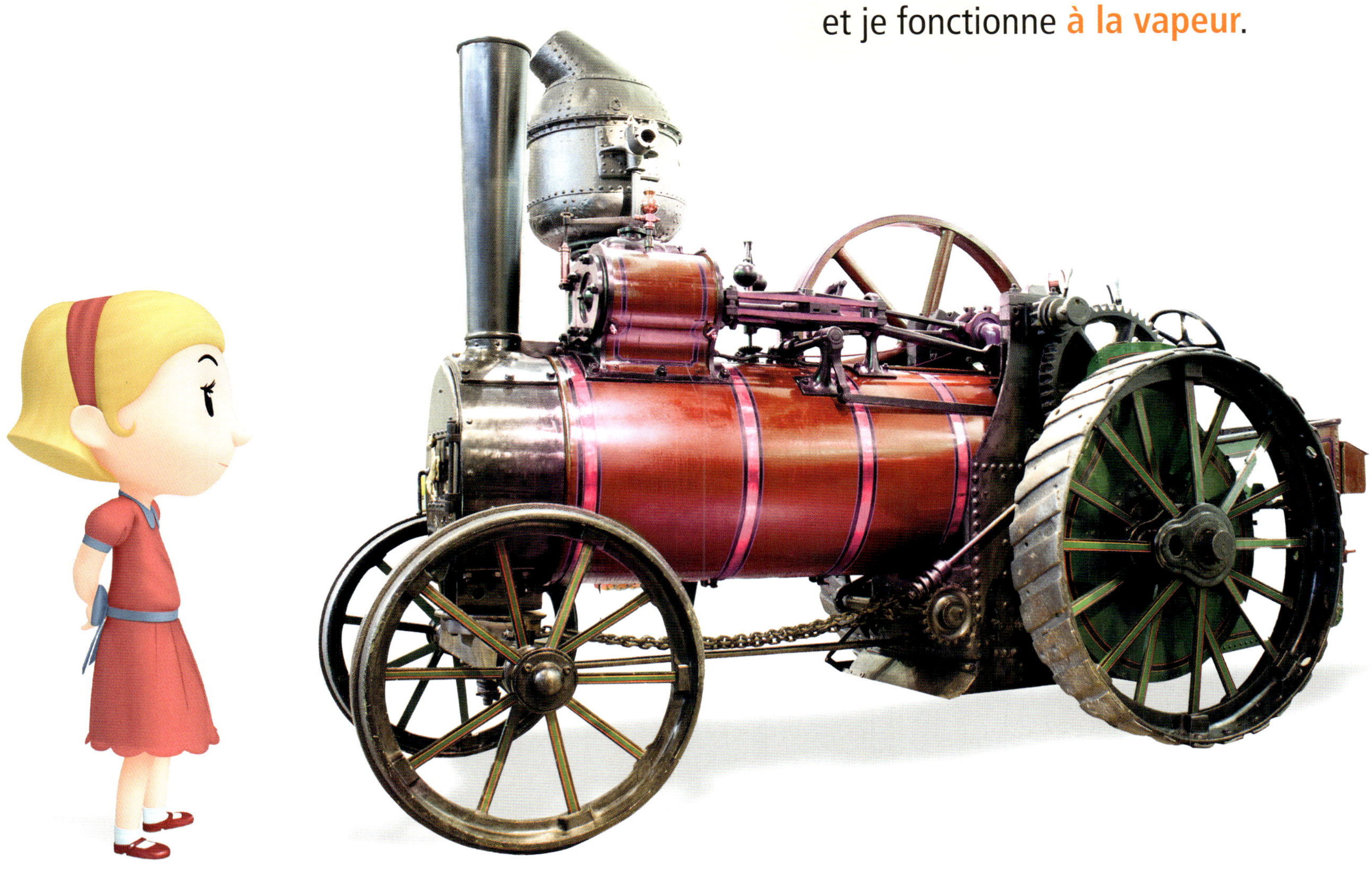

• Mes roues arrière, très anciennes, **sont en fer cranté**. Elles font un bruit terrible sur les routes et les abîment sur leur passage.

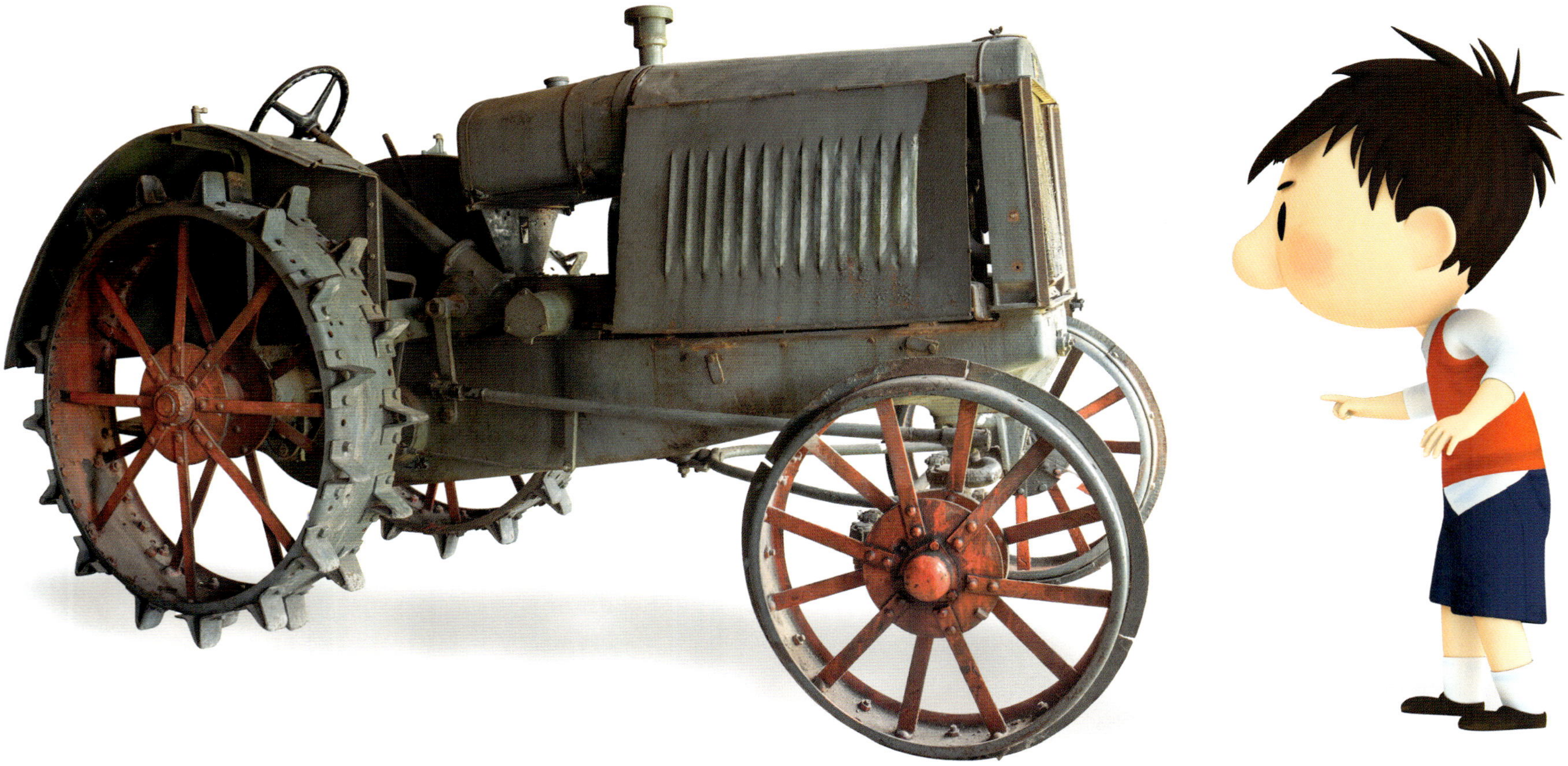

• Construit en 1917, je suis le **petit Fordson F**, le tracteur alors le moins cher du marché et le premier à être produit en série.

• **Baptisé Bulldog**, j'ai des airs du chien du même nom, avec mon moteur en avancée.

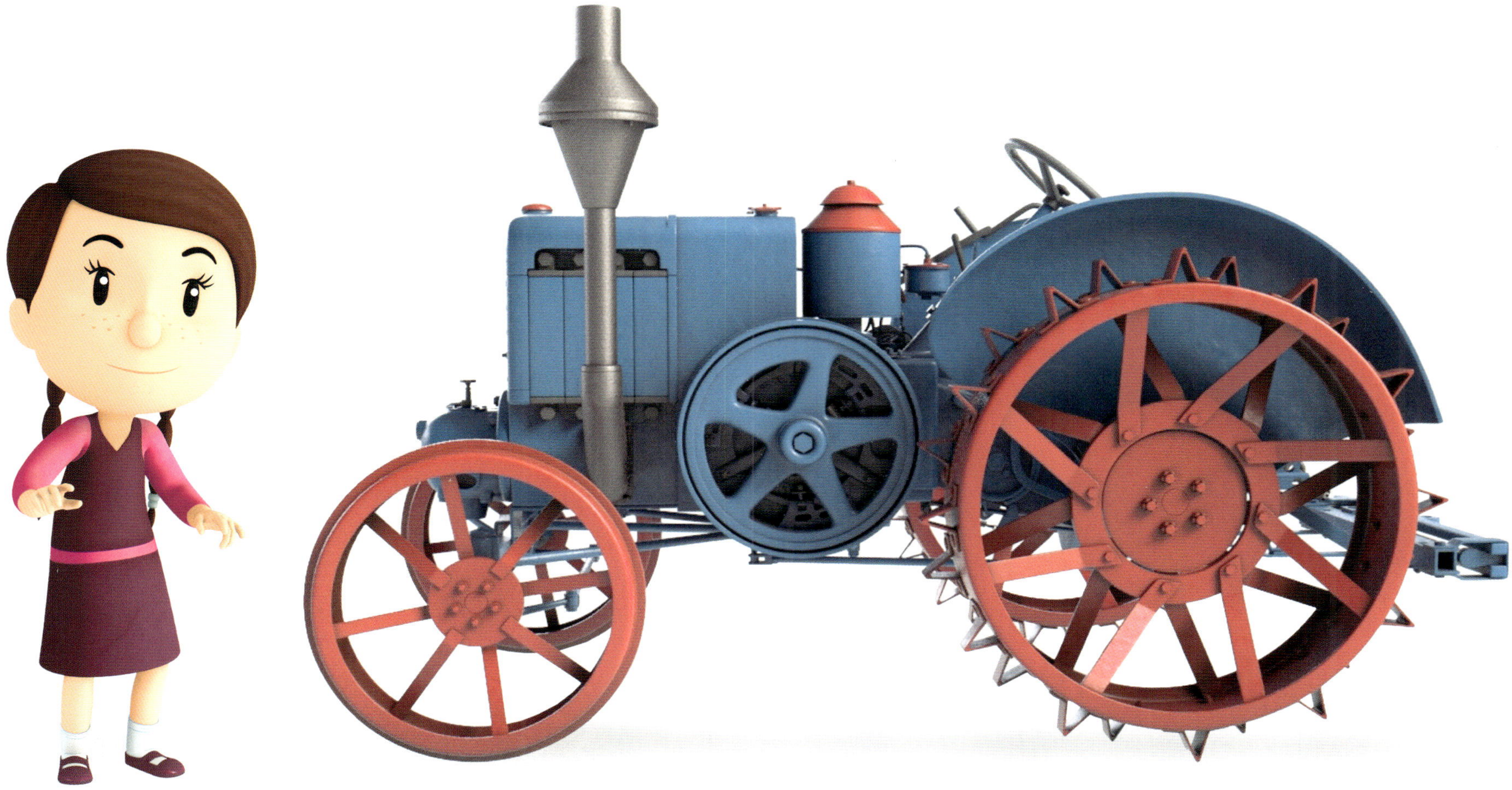

• Ma cabine est moderne pour l'époque, car **elle comporte un toit**.
Mon conducteur est ainsi à l'abri de la pluie.

DES TRACTEURS ANCIENS

- Mes roues sont enfin **équipées de pneus** !
  Je n'endommage plus les routes.

- Mes quatre pneus présentent des motifs en zigzag. J'ai **une meilleure adhérence** au sol et je roule facilement sur les routes !